Dédicace:
Je dédie ce livre à mes petites-nièces, Autumn et Isla, et à mon petit-neveu
Grayson. Haw'aa d'avoir fait de moi votre tante Naanii!
Dalang dii kuyaadang (je vous aime tous).

Aide à la révision : Murielle Cayouette, conseillère pédagogique en éducation
autochtone au Conseil Scolaire Francophone de la C.-B. (SD93)
Traduit de l'anglais par : Marie-Christine Payette
ISBN-978-1-989122-44-0
Pour plus d'informations sur le livre, visitez le www.medicinewheel.education

Les cadeaux du corbeau

Auteure : Kung Jaadee

Illustratrice : Jessika von Innerebner

Les cadeaux du corbeau est une adaptation du magnifique livre *Le festin du corbeau* de Kung Jaadee pour un public plus jeune (de 4 à 6 ans). Pour rendre l'histoire plus accessible pour ce groupe d'âge, l'histoire a été raccourcie, simplifiée et écrite en rimes. Ce livre a été réalisé avec l'approbation enthousiaste de Kung Jaadee et nous sommes heureux de vous l'offrir.

Un monde tout nouveau le corbeau a créé,
du vert pour les forêts et du bleu pour les océans il a utilisé.
Il a créé les baleines, les ours et les ailes des papillons aussi,
les personnes, les coquillages et toutes les autres choses ici.

Le corbeau a aussi construit des maisons
qui font toutes face à la mer,
en prenant le bois du cèdre rouge pour le faire.

Il a cueilli des petits fruits et des palourdes et a pêché.
Puis, il a tout fait sécher pour pouvoir plus tard les manger.

La nourriture qu'il avait recueillie avait l'air très bonne,
mais elle a rendu le corbeau triste, il s'est senti seul au monde.

Il aurait aimé avoir d'autres personnes avec qui partager la nourriture, les maisons et tout ce qu'on pouvait y trouver.

Il a donc décidé qu'un très grand festin il allait organiser,
et que les personnes du nord, du sud, de
l'est et de l'ouest il allait inviter!

Des personnes sont arrivées de tous les horizons,
et elles étaient uniques, variant selon leur nation.

Ses invités ont partagé leurs histoires et leurs chansons
en riant et en parlant pendant le repas,
ils ont tous veillé tard cette nuit-là.

Quand les invités ont dû quitter parce que c'était l'heure,
ils sont tous repartis avec un beau cadeau dans leur cœur.

Ce cadeau était un talent que chacun avait au fond de lui,
un talent qui devait être partagé et ne pas rester enfoui.

Le corbeau nous a tous fait un cadeau,
mais c'est notre responsabilité de l'écouter.

Vous pouvez aimer la cuisine, le jardinage ou la danse.
Donc, suivez votre talent et donnez-lui une chance.

Aimez la personne que vous êtes et laissez votre lumière briller.
Profitez de votre cadeau et du mien je profiterai!

Quelques mots en haïda et leur prononciation

Yaahl – Corbeau

Ts'uu gid – Cèdre rouge

Xaads nee – Maison

Haw'aa – Merci

Kung Jaadee (Roberta Kennedy) est une conteuse haïda tradition-
nelle, une auteure, une enseignante de langue haïda,
une chanteuse et une joueuse de tambour de Haida Gwaii
dans le nord de la Colombie-Britannique.

Dans ce livre, *Les cadeaux du corbeau*, Kung Jaadee
nous dit que le corbeau a donné à chaque
personne un cadeau spécial à partager avec le reste du monde.
Ce cadeau ou cette passion est unique.

MEDICINE WHEEL EDUCATION

La Roue Médicinale
La Danse des Cerceaux Racontée
Auteur: Teddy Anderson
Illustratrice: Jessika von Innerebner

LE FESTIN DU CORBEAU
Auteur: Kung Jaadee
Illustratrice: Jessika von Innerebner

LE CERCLE DE PARTAGE
Theresa "Corky" Larsen-Jonasson   Jessika von Innerebner

Le Caillou de Trudy
Par : Trudy Spiller
Illustré par : Jessika von Innerebner

L'histoire du chandail orange
Texte : Phyllis Webstad
Illustrations : Brock Nicol

L'ENVOL DE L'AUBE
Un récit Lakota
Auteur : Kevin Locke   Illustratrice : Jessika von Innerebner

www.medicinewheel.education

La plume d'aigle

Auteur : Kevin Locke
Illustratrice : Jessika von Innerebner

Les cadeaux
du corbeau

Auteur : Kung Jaadaa
Illustratrice : Jessika von Innerebner

Le cercle d'aide et de partage

Auteurs : Theresa « Corky » Larsen-Jonasson
Illustratrice : Jessika von Innerebner

Le caillou de guérison
de Trudy

Auteurs : Trudy Spiller
Illustratrice : Jessika von Innerebner

Les enseignements du
danseur de cerceaux

Auteur : Teddy Anderson
Illustratrice : Jessika von Innerebner

Le chandail
orange de Phyllis

Auteure : Phyllis Webstad
Illustrateur : Brock Nicol

www.medicinewheel.education
info@medicinewheel.education
1-877-422-0212